AF243012

DISCOURS

PRONONCÉ PAR

MGR L'ÉVÊQUE DE POITIERS

A ROME

DANS L'ÉGLISE DE SAINT-ANDRÉ DELLA-VALLE

LE XIV JANVIER MDCCCLXX,

EN LA FÊTE DE SAINT HILAIRE, DOCTEUR DE L'ÉGLISE.

PRIX : 25 CENTIMES.

POITIERS

HENRI OUDIN, LIBRAIRE-ÉDITEUR,

PARIS

VICTOR PALMÉ, LIBRAIRE,

RUE GRENELLE-S.-GERMAIN, 25

1870

DISCOURS

PRONONCÉ

PAR MGR L'ÉVÊQUE DE POITIERS

A ROME

DANS L'ÉGLISE DE SAINT-ANDRÉ DELLA VALLE LE XIV JANVIER MDCCCLXX ,

EN LA FÊTE DE SAINT HILAIRE , DOCTEUR DE L'ÉGLISE.

> *Habentes autem eumdem spiritum fidei, sicut scriptum est : Credidi, propter quod locutus sum : et nos credimus, propter quod et loquimur.*
>
> Or, ayant en nous le même esprit de foi , conformément à ce qui est écrit : J'ai cru, c'est pourquoi j'ai parlé, nous aussi nous croyons, c'est pourquoi nous parlons. (II CORINTH. IV, 13.)

MES TRÈS-CHERS FRÈRES,

Le grand Apôtre auquel je viens d'emprunter les paroles de mon texte a prédit que toute langue serait appelée à confesser et à proclamer la gloire du Seigneur et Christ Jésus. Avant lui, le prophète Daniel avait aperçu, dans une vision mystérieuse, le Fils de l'homme qui entrait sur la scène du monde, et il avait vu tous les peuples, toutes les tribus, toutes les langues accourir pour se ranger à son service.

Nulle part l'accomplissement de ces oracles n'est plus frappant que dans ce temple, où sont racontées tous les ans les gloires de l'Homme-Dieu, dans tous les idiomes parlés sur la surface du globe. Mais surtout, quelle épiphanie, quelle manifestation de Jésus, que celle qui se produit ici cette année! Soit que vous considériez et les sacrificateurs qui montent chaque matin à l'autel, et les orateurs qui parlent, et les auditeurs qui se pressent plusieurs fois par jour dans ce sanctuaire, n'est-il pas manifeste que tous les peuples, toutes les tribus , toutes les langues , sont ici au service du Seigneur : *Aspiciebam, et ecce Filius hominis veniebat, et omnes populi , tribus et linguæ ipsi servient* (Dan. VII, 13, 14)? Et n'est-il pas vrai que tous tant que nous sommes , évêques de toutes les Eglises du monde, nous ne sommes venus dans cette capitale de la religion chrétienne, sinon afin que toute langue confesse que le Seigneur Jésus-Christ est dans la gloire de Dieu le Père : *Ut omnis lingua confiteatur quia Dominus Jesus Christus in gloria est Dei Patris* (Philipp. II, 12)? Ainsi se poursuit, ainsi s'étend, ainsi se renouvelle et se perpétue l'hommage apporté à l'Enfant-Dieu par ces premiers députés des nations, par ces fils de la Chaldée qui furent les prémices de la Gentilité.

Or, mes très-chers frères, ce qu'on m'a demandé de placer aujourd'hui sous vos yeux, c'est le témoignage, c'est le tribut offert à Jésus par l'un de ses plus illustres serviteurs, par l'un de ses plus vaillants champions de l'Occident. Je m'explique.

Le martyrologe romain , au jour octave de l'Epiphanie de N. S., annonce le glorieux trépas de saint Hilaire de Poitiers, c'est-à-dire , du plus ancien de ceux que l'Eglise a décorés du titre authentique de Docteurs. Et l'exigence des règles liturgiques ayant renvoyé au lendemain la fête du pontife, c'est aujourd'hui même que le calendrier nous fait célébrer sa mémoire.

Une attention délicate dont je suis touché, et un désir devenu pour moi une loi, m'imposent ainsi le sujet pour lequel je réclame votre attention.

Le mystère de l'Epiphanie, c'est le mystère des Mages partis des extrémités de l'Orient pour trouver et pour adorer Jésus-Christ. Et moi, je vais essayer de vous montrer par quel chemin, par quelle voie une des plus brillantes intelligences de notre gentilité occidentale a été conduite à la foi en Jésus, et comment elle s'est employée à étendre, à maintenir, à venger cette foi. « J'ai cru, s'écriait le Psalmiste, et voilà pourquoi j'ai parlé. » Or, disait notre saint Docteur en empruntant les paroles de l'apôtre des nations, « ayant en nous le même esprit de foi, nous aussi « nous croyons, et c'est pourquoi nous parlons » : *Habentes eumdem spiritum fidei, sicut scriptum est : Credidi, propter quod locutus sum; et nos credimus, propter quod et loquimur.*

Encore bien que l'un et l'autre point de ce discours doivent nous profiter à tous, si pourtant chacun de nous veut y chercher sa part spéciale, je dirai : Hilaire a cru, il a été homme de foi, voilà pour le chrétien ; Hilaire a parlé, il a été homme de doctrine et d'action, voilà pour l'évêque.

Du reste, mes très-chers frères, ce n'est pas moi, c'est le saint docteur lui-même que vous allez entendre. Souffrez donc que j'aie sous les yeux un texte auquel j'ajouterai à peine quelques commentaires.

I.

Hilaire a cru. Et vous qui m'entendez, et qui peut-être ne croyez pas, vous qui doutez, vous qui déclarez que la science, l'étude, l'examen vous ont détourné de croire, ah ! j'ai un grand et illustre exemple à vous montrer.

Heureux, sans doute, heureux le chrétien en qui la main maternelle de l'Eglise, ou plutôt la main même de Dieu a versé par le baptême la sainte et surnaturelle habitude de la foi avant même qu'il ait acquis l'usage et l'exercice de la raison ! Heureux, cent fois heureux l'enfant qui devient jeune homme, le jeune homme qui atteint l'âge mûr, sans avoir traversé jamais la région ténébreuse du doute, parce qu'à la foi infuse est venue s'ajouter en lui, sans obscurcissement et sans interruption, la foi acquise et raison née ! Heureux, mille fois heureux, je le répète, le chrétien qui a toujours cru ! Mon frère qui m'entendez, vous n'avez pas eu ce bonheur : consolez-vous. Celui que je vais vous proposer pour modèle ne l'a pas eu non plus. Vous avez été baptisé dès le berceau ; mais votre intelligence d'adolescent, votre intelligence d'adulte, n'a accepté, si j'ose ainsi parler, que sous bénéfice d'inventaire, l'obligation de croire qui résultait des engagements du baptême. Je le regrette pour vous : car il y a là un mal et une violation de l'ordre Mais enfin la condition d'Hilaire eut plus d'une analogie avec la vôtre. Qu'il fût né de parents fidèles ou infidèles, l'initiation chrétienne d'Hilaire ne data pas des premières années de sa vie. Il ne vint à la foi, il ne vint à l'Eglise qu'après examen. Or, c'est cette grande autorité que je veux vous alléguer. Hilaire va vous dire comment la philosophie, l'étude, la science, l'observation (tout cela, bien entendu, accompagné de la grâce de Dieu et du mouvement de l'Esprit Saint), le conduisirent à croire, et à croire de cette foi indomptable que rien n'eût pu ébranler.

Mais il faut se rendre compte, avant tout, du milieu dans lequel Hilaire était né. Nos provinces des Gaules étaient alors sous la domination romaine. Au sein de cette civilisation raffinée, il y avait d'affreuses souffrances pour les foules, des privations, des froissements, des meurtrissures indicibles pour les faibles. Mais, en même temps, tout était conçu, organisé pour procurer le bien-être, pour satisfaire la sensualité des castes privilégiées. « Alors, dit saint Grégoire, le monde était florissant : *florentem mundum*. La vie était longue : *Vita tunc erat longa* ; la société, fortement constituée, garantissait la sécurité des citoyens : *salus continua*; il y avait l'opulence des biens, la fécondité des races, et cette assurance de stabilité qui naît d'une paix longue et solide » : *opulentia in rebus, fœcunditas in propagine, tranquillitas in diuturna pace.* (Homil. XXVIII.)

Hilaire appartenait à une famille patricienne, à une race sénatoriale; il était doué des plus belles facultés ; il avait étudié avec succès les arts, les sciences et les lettres ; il s'était chargé et enrichi, selon la parole de saint Jérôme, des dépouilles de l'Egypte, des trésors de la Grèce et du Latium. La vie s'offrait à lui sous l'aspect le plus séduisant. Pour les hommes de son rang et de son éducation, rien n'était plus antipathique que le christianisme, le christianisme qui tendait à flétrir, à dessécher prématurément dans les cœurs ce monde si brillant, si florissant par lui-même : *Quum in se ipso floreret, in eorum cordibus mundus aruerat.* Il serait intéressant d'entendre avec quelle énergie s'accentuait, un demi-siècle encore après Hilaire, la répulsion qu'éprouvaient pour le christianisme les beaux esprits de notre Occident. Un concitoyen d'Hilaire, qui avait exercé les fonctions de préfet de l'empire à Poitiers, à Toulouse et à Rome, le poëte Rutilius ne parle qu'avec épouvante d'un jeune homme de grande maison, richement né et non moins richement marié, lequel, poussé par les furies, s'arracha à la société des hommes et au culte des dieux pour s'ensevelir tout vivant dans une honteuse retraite : comme si les esprits célestes aimaient à se repaître de pareils holocaustes ! En vérité, ajoutait-il, la doctrine de ces sectaires n'est-elle pas cent fois pire que tous les poisons de Circé? Celle-ci ne changeait que les corps ; celle-là s'attaque aux esprits : *Num, rogo, deterior Circæis secta venenis? Tunc mutabantur corpora, nunc animi.* (Itiner. Rutil. Numat. L. I.)

Hilaire ne partagea point ces répugnances aveugles. Il se demanda quel était le devoir et en quoi consistait proprement la fin dernière de l'homme. Au premier abord, il se tourna vers la tranquille jouissance des biens matériels. Il vit que l'opinion commune plaçait le bonheur dans ces deux choses, le repos et l'opulence : *otium simul atque opulentia.* Un doux sensualisme lui tendait les bras. Mais il n'eut pas besoin de réfléchir longtemps pour comprendre, avec son âme forte et élevée, que cette vie infime et grossière, qui, après tout, est la vie des brutes, n'est pas en elle-même une vie digne de l'homme. Pour les troupeaux qui errent dans les gras et riants pâturages, il y a exemption de travail et satiété de nourriture : *Quibus in saltuosa loca ac pabulis læta evagantibus, adest et securitas a labore, et satietas ex pascuis.* Il faut même le dire : Si tout le problème de la condition humaine consiste à trouver le repos et l'abondance, le sort des bêtes est préférable au nôtre, puisque la nature leur donne l'abondance de l'usage sans le souci de la possession. *Quibus omnibus, natura ipsa famulante, sine cura habendi, facultas redundat utendi.* Non, pour un être raisonnable, le dernier mot de l'existence, ce n'est pas, ce ne peut pas être la tranquille satisfaction des appétits sensuels. Hilaire le sentit, et il chercha ailleurs.

Au-dessus de la vie du corps, de la vie des sens, Hilaire reconnut une autre vie, la vie de la raison : vie d'étude, de réflexion. de devoir, de dévouement, de probité : vie estimable, honorable. Un rationalisme spécieux se présentait à lui. La séduction était plus dangereuse. Conformer ses pensées et ses actions au bien, n'est-ce pas, au témoignage des philosophes, la vie d'un sage ? *Bene agere atque intelligere , id demum bene vivere esse opinabantur.* L'âme d'Hilaire ne se sentit pas satisfaite. Il examina autour de lui, et il reconnut que le naturalisme de la raison, quoique bien supérieur au matérialisme sensuel, ne conduisait pas l'homme au véritable but de sa destinée : *Tamen hi ipsi non satis mihi idonei ad bene beateque vivendum auctores videbantur.* Il lui parut que, si le Dieu de la brute, c'est son ventre, trop souvent le Dieu du prétendu sage, c'est sa raison superbe, que tout le travail du philosophe n'aboutit guère qu'à substituer les vices de l'esprit à ceux de la chair, quand il ne cumule pas les uns avec les autres. Il se sentit porté vers quelque chose de plus noble, de plus élevé, de plus céleste. Il avait hâte de parvenir, non pas seulement à cet ordre de bien dont l'omission serait pleine de crime et de douleur, mais à la connaissance de Celui qui est l'auteur et le père de tout bien, de Celui auquel il se devrait tout entier lui-même : *Hunc tanti muneris Deum parentemque cognoscere, cui se totum ipse deberet ;* de Celui dans le service duquel il trouverait l'ennoblissement de tout son être : *Cui famulans nobilitandum se existimabat;* de Celui auquel il rapporterait toutes ses espérances, et dans la bonté duquel, au milieu de toutes les agitations et les calamités de la vie présente, il se reposerait comme dans un port très-sûr. C'est à comprendre, ou du moins à connaître ce Dieu suprême, que son esprit se sentait enflammé d'une ardeur tous les jours plus brûlante : *Ad hunc igitur vel intelligendum, vel cognoscendum studio flagrantissimo animus accendebatur.* (De Trinit. L. I, 1, 2, 3.)

Et voilà qu'en effet au-dessus du grossier sensualisme, au-dessus même du spiritualisme vulgaire, il aperçut le christianisme. Sa raison était fatiguée, révoltée de toutes les contradictions et les absurdités des livres païens concernant la nature divine. Si l'unité du Dieu indolent et endormi d'Epicure le révoltait, le mensonge du polythéisme était évident à ses yeux. Les livres des juifs tombèrent entre ses mains. Il y lut cette parole de l'Eternel se définissant lui-même : *Ego sum qui sum :* « Je suis Celui qui est » (Exod. III, 14) ; et plus loin : « Tu diras aux fils d'Israël : Celui qui est m'a envoyé vers vous » : *Misit me ad vos is qui est* (Ibid.). Cette définition de l'Être divin fut un ravissement pour son esprit. Puis il ouvrit les livres des chrétiens, et il lut dans saint Jean : « Au commencement était le Verbe, et le Verbe était en Dieu, et le Verbe était Dieu. » La haute intelligence d'Hilaire entra dans une nouvelle extase. Le Dieu qui a dit : « Je suis celui qui est », ce Dieu unique n'est pourtant point un Dieu solitaire, et dans l'unité même de sa nature il trouve l'incomparable société d'un Fils égal à lui. Hilaire possède désormais la notion de Dieu, du Dieu vivant et véritable, lequel, réunissant en lui-même deux attributs que la raison humaine regardait comme incompatibles, l'unité et la société, échappe à toutes les objections qui s'étaient élevées dans son esprit.

Mais ce n'est pas assez de connaître Dieu. L'homme ne peut se désintéresser de lui-même, de sa propre destinée, c'est-à-dire du lien qui peut et qui doit unir sa fragile existence à celle de ce Dieu si puissant. Hilaire continue à lire, et que voit-il ? Le Verbe qui de toute éternité était en Dieu et qui était Dieu, « le Verbe est descendu des cieux et il s'est fait chair ; « et à tous ceux qui l'ont reçu, il leur a donné de pouvoir devenir eux-« mêmes les fils de Dieu. » Hilaire ne se possède plus, il ne s'appartient plus. Voici que son âme, tout à l'heure encore tremblante et incertaine, a trouvé plus qu'elle ne cherchait, plus qu'elle n'ambitionnait » : *His jam mens trepida et anxia plus spei invenit quam exspectabat.* Quelle révélation inattendue, quel sort inespéré ! Etant sortis de Dieu par voie de création, il nous est donné de rentrer en lui par voie d'adoption ! N'étant que son ouvrage, nous sommes appelés à devenir ses fils ! Plus d'hésitation possible. Hilaire avait répudié la vie des sens ; il dit adieu à la vie de la pure raison ; il vivra de la vie de la foi, de la vie de la grâce, en attendant la vie de la gloire. (Ibid., 4, 12.)

Mais alors comme il avance, comme il pénètre dans cette région de la science divine ! Comme il se plonge, comme il se baigne dans cet océan de la lumière révélée ! Tous les jours l'horizon se recule, s'agrandit autour de lui. Son esprit n'est pas moins satisfait que son cœur. Et enfin sa foi lui est rendue si familière ; après l'avoir scrutée à fond, il la trouve si assortie, si appropriée aux concepts de son esprit, aux aspirations de son cœur, qu'elle devient pour lui comme une seconde nature. Ces grands mystères qui révoltent tant d'intelligences débiles, ils deviennent pour lui le repos et le soulagement de sa raison. Et on l'entendra dire : « Mon mal, si c'est un mal de croire, est un mal inguérissable ; mon erreur, si c'est une erreur de confesser le Dieu et le Christ de l'Evangile, est une erreur irréformable. Mon âme s'est pénétrée, ma raison s'est imbibée de ces hautes doctrines, et il n'y a plus de remède à cela : *His immedicabiliter imbutus sum.* Pardonnez-moi, Dieu tout-puissant : je puis mourir dans ma croyance et pour ma croyance, je n'en puis pas changer : *et ignosce, omnipotens Deus, quia in his nec emendari possum, et commori possum.* Ils viennent trop tard pour moi, les docteurs impies qu'a produits maintenant notre siècle : *Tarde mihi hos impiissimos quantum arbitror, doctores ætas hujus nunc sæculi protulit.* Ma foi, que vous-même avez instruite, n'accepte point ces maîtres nouveaux et tardifs : *Seros hos habuit fides mea, quam tu erudisti, magistros.* Avant qu'il fût question d'eux, je vous ai donné ma créance, et j'ai été régénéré en vous ; tel mon baptême m'a fait, tel je suis et je serai à jamais : *Inauditis his nominibus in te ita credidi, per te ita renatus sum, et exinde tuus ita sum.* Je n'avais pas cru toujours ; mais j'ai appris ces choses ainsi, je les ai ainsi crues ; et ma foi et ma raison sont tellement fermes à les retenir que je ne pourrais ni ne voudrais croire autrement » : *Hæc enim ego ita didici, ita credidi, et ita confirmatæ mentis fide teneo, ne aut possim aliter credere, aut velim.* » (Ibid. L. VI, 20, 21.)

N'est-il pas vrai, mes frères, que de telles paroles élèvent l'âme et dilatent le cœur ? Ah ! mon frère, vous qui croyez, qui croyez fermement, réjouissez-vous de croire à la suite d'un si illustre croyant. Oui, ce que vous croyez avec la simplicité, avec la docilité de la foi, Hilaire l'a cru avec l'examen et à la satisfaction de sa haute intelligence.

Et vous qui ne croyez pas encore, ou qui avez cessé de croire, imitez Hilaire. Commencez, comme lui, avec l'aide d'en haut, par régler votre vie ; priez, étudiez comme lui ; comme lui vous croirez. La vie des sens, je pense que vous l'avez rejetée loin de vous ; ou, si vous avez le malheur de vivre de cette vie, vous êtes le premier à vous condamner. La vie de la raison, de la science, de la raison livrée à elle-même, de la science abandonnée à elle seule, cette vie ne vous suffira pas : elle laissera quelque chose, elle laissera beaucoup à désirer à votre esprit et à votre cœur. Encore une fois, priez, étudiez comme Hilaire ; et, comme Hilaire, vous serez chrétien ; et, comme à Hilaire, il vous deviendra pour ainsi dire impossible de ne pas croire.

Ou plutôt, pour vous qui vous dites incroyant, il ne s'agit plus d'arriver à la foi, il s'agit d'y revenir. Quelque oublieux que vous ayez été de votre baptême, si longtemps que vous en ayez négligé ou méconnu les doctrines et les devoirs, l'aptitude à croire est pourtant restée adhérente à votre âme avec l'ineffaçable empreinte du sacrement de la régénération. « Prenez garde », disait notre saint docteur en répétant les paroles de l'apôtre, « prenez garde que qui que ce soit ne vous trompe », et il traduisait « ne vous dépouille par une philosophie qui n'est qu'une vaine déception » : *Videte ne quis vos spoliet per philosophiam et inanem deceptionem*. (Coloss. II, 8). « Car, ajoutait-il, une foi solide ne succombe pas aux illusions des inepties humaines, et la vérité ne se livre pas comme une dépouille à l'erreur » : *Neque humanarum ineptiarum fallaciis succumbens, spolium se præbet veritas falsitati*. Mon frère, mon frère, la foi de votre baptême s'est moins éloignée de vous que vous ne vous le persuadez à vous-même ; de grâce, ne la discutez point ; revenez-y avec humilité et avec amour. Il vous est permis de l'éclairer par la science, de la fortifier par l'étude ; mais vous ne pouvez la mettre en doute sans trahison et sans parjure. Le rempart le plus fort et le plus assuré qu'Hilaire opposait aux doctrines des novateurs, c'était toujours la foi du baptême.

« Il fallait, dit-il, il fallait que l'intelligence humaine, intelligence faible et infirme, eût plus de modestie ; qu'elle sût contenir tout le mystère de sa science religieuse dans les limites de son symbole ; et qu'après avoir confessé et juré la foi du baptême au nom du Père, du Fils et du Saint-Esprit, elle ne se laissât aller ni au doute ni à l'innovation. Mais voici que, des multitudes de docteurs se mêlant d'écrire ce qui vient d'eux, au lieu de prêcher ce qui vient de Dieu : *Dum sua scribunt, et non quæ Dei sunt prædicant*, ils ont enlacé les peuples dans un cercle d'erreurs et de querelles qui se replient éternellement sur elles-mêmes : *Orbem æternum erroris et redeuntis in se certaminis protulerunt*. Depuis qu'il n'y a plus une foi unique, la foi du baptême, vous trouvez autant de croyances que d'individus, et les individus eux-mêmes ont autant de croyances qu'il y a d'années et de mois : *annuas et menstruas fides*. Or, il est tout à fait périlleux, et c'est une cause de grande misère pour la société, qu'il y ait ainsi autant de croyances que de volontés, autant de doctrines que de caprices, et qu'il pullule autant de blasphèmes qu'il y a de vices : *Tot nunc fides existere quot voluntates, et tot nobis doctrinas esse quot mores, et tot causas blasphemiarum pullulare quot vitia sunt*. La cause incessante, le principe intarissable du mal, c'est que, portant en nous la foi apostolique envers laquelle nous sommes engagés à tant de titres, nous ne voulons pas nous en tenir à cette foi que nous avons jurée. Depuis qu'il n'est plus question que de nouveautés : *dum de novitatibus quæstio est ;* depuis qu'on s'enveloppe dans tant d'arguties : *dum de ambiguis occasio est ;* depuis qu'on se partage entre tel ou tel auteur, tel ou tel système : *dum de auctoribus querela est, dum de studiis certamen est*, le résultat est que personne n'est bientôt plus à Jésus-Christ : *prope jam nemo Christi est* (Ad Constant. August. L. II, 4, 6.)

Et c'est parce que le mal faisait de jour en jour de plus grands ravages, qu'Hilaire, non content de croire, obéit au devoir de parler. Laïque et homme du monde, il s'était montré si parfait que les prêtres ambitionnaient de lui ressembler : *O quam perfectissimum laicum, cujus imitatores esse desiderant ipsi sacerdotes!* (Fortunat. Vit. S. Hilar.) Devenu évêque, il n'eut plus seulement à professer, il dut défendre la foi de son baptême.

Comment l'a-t-il fait : c'est ce que je vais essayer de vous dire ; ou plutôt, c'est presque toujours son texte qui va vous le dire.

II.

Hilaire a parlé par ses discours et par ses écrits, il a parlé dans les conciles ; il a parlé aux puissants de la terre, à ceux qui, en présidant aux institutions sociales, ont toujours exercé, exerceront toujours un empire considérable sur les destinées de la religion.

L'arianisme, qui fut la première des grandes hérésies, fut aussi la plus impie, la plus terrible, la plus pernicieuse qui ait jamais éclaté au sein du christianisme. Arius s'inscrivait en faux non pas seulement contre tel ou tel point de la doctrine de Jésus-Christ, mais contre la divinité de Jésus-Christ lui-même, de Jésus-Christ envisagé dans sa propre personne et dans sa nature la plus relevée, dans sa nature céleste. Par cette audacieuse négation, le Verbe de Dieu devenait une créature : la plus parfaite, la plus ancienne de toutes, si l'on veut, mais enfin une créature ; le Fils n'était pas coéternel, ou à tout le moins consubstantiel au Père ; et par conséquent, l'effet ne pouvant point dépasser la cause, et le christianisme se proportionnant nécessairement à la taille du Christ son auteur, la foi devenait une chose humaine, et la religion n'était plus qu'une philosophie : la plus haute, la plus magnifique des choses, la plus riche, la plus admirable des philosophies, mais enfin une chose humaine et une philosophie humaine. Et, remarquez bien, le système d'Arius, pas plus au ciel que sur la terre, ne laissait rien subsister de ce que le chrétien adore. Avec la divine incarnation et la divine rédemption succombait, avant tout, le premier des mystères, le mystère de la Trinité divine, et par là s'évanouissait toute connaissance et tout culte du vrai Dieu. Car, ainsi que notre saint docteur l'a fait observer tant de fois, si le Verbe n'est pas vraiment Fils, le principe duquel il procède n'a pas droit au nom de Père. La suppression de la filiation divine entraîne celle de la divine paternité. Et alors que reste-t-il du Dieu véritable qui s'est révélé à nous par les prophètes et par l'Évangile, c'est-à-dire du Dieu en dehors duquel il n'y a qu'idole et mensonge ? A ce point de vue, Hilaire n'hésitait pas à placer les ariens au niveau des athées. Car, disait-il, « c'est un déicide de mesurer Dieu non aux déclarations qu'il a faites lui-même de son être, mais aux volontés de notre propre arbitre ; et, de la part de l'homme, il n'y a pas moins d'impiété à dénaturer Dieu, à lui donner une nature de notre invention, qu'à le nier : *non minoris impietatis est Deum fingere quam negare.*

Je le dis avec une entière conviction, mes frères : la vaste conspiration du naturalisme moderne n'est pas plus radicale et plus subversive de tout l'ordre surnaturel et chrétien, que n'était la coalition arienne, pourvue

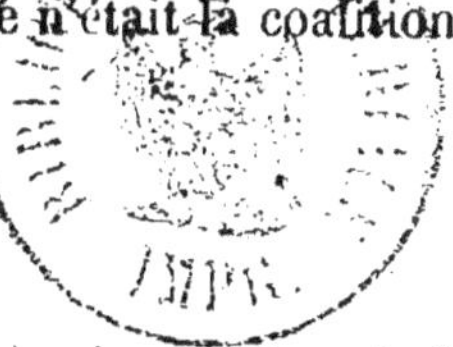

de tant de beaux esprits, et forte du concours de toutes les puissances et de toutes les magistratures de l'empire.

En face d'un danger si menaçant, que faire? Et qu'ont fait les prophètes, et qu'ont fait les apôtres, et qu'ont fait les confesseurs et les martyrs? *Habentes autem eumdem spiritum fidei, sicut scriptum est : Credidi propter quod locutus sum : et nos credimus propter quod et loquimur.* « Animés par le même-esprit de foi, conformément à ce qui est écrit : « J'ai cru, voilà pourquoi j'ai parlé, et nous aussi nous croyons, et c'est « pourquoi nous parlons. »

La paix, me dites-vous? N'allez-vous pas troubler la paix, troubler l'union? — « C'est un beau nom que celui de la paix : *speciosum est quidem nomen pacis*; c'est aussi une belle chose que l'idée d'unité : *et pulchra est opinio unitatis.* Mais qui niera que, pour l'Eglise et pour l'Evangile, il n'y a pas d'autre unité et d'autre paix que l'unité et la paix de Jésus-Christ » : *sed quis ambigat eam solam Ecclesiæ et Evangeliorum unitatem et pacem esse quæ Christi est?* On les retrouve partout les mêmes, ces prôneurs éloquents de la paix et de l'union. Ils commencent par se séparer de la doctrine commune de l'Eglise, ils créent un système, ils forment une école; puis quand ils ont posé leur camp en face du camp de la tradition sacrée, volontiers ils font appel à l'esprit de paix et d'union, pour obtenir ou l'assentiment ou au moins le silence des maîtres de la doctrine. Et il se rencontre toujours des candides qui, sans vouloir songer aux manœuvres bruyantes de l'agression, se désolent et se scandalisent des retentissements de la plus nécessaire défense. A cela la réponse a été donnée par Hilaire : *Speciosum est quidem nomen pacis, et pulchra est opinio unitatis; sed quis ambigat eam solam Ecclesiæ et Evangeliorum unitatem et pacem esse, quæ Christi est?*

Mais, lui objecte-t-on encore, ne savez-vous pas avec qui vous vous mesurez, et n'avez-vous pas peur? — Oui, vraiment j'ai peur; j'ai peur dès dangers que court le monde : *Mihi metus est de mundi periculo*; j'ai peur de la terrible responsabilité qui pèserait sur moi par la connivence, par la complicité de mon silence : *Mihi metus est de mundi periculo, de silentii mei reatu;* j'ai peur enfin du jugement de Dieu, j'en ai peur pour mes frères sortis de la voie de la vérité, j'en ai peur pour moi qui ai le devoir de les y ramener : *Mihi metus est de mundi periculo, de silentii mei reatu, de judicio Dei.*

On ajoutait : Mais n'y a-t-il pas des réticences permises, des ménagements nécessaires? — Hilaire répondait que l'Eglise n'a vraiment pas besoin qu'on lui fasse cette leçon; qu'on peut s'en rapporter à elle et à son attitude séculaire; qu'on peut être assuré de la retrouver toujours telle qu'elle a coutume de se montrer, c'est-à-dire, d'une part avec ses principes arrêtés et avec les raisons divines sur lesquelles se fondent ces principes; de l'autre, avec ses ménagements, ses tempéraments, et cette modération de langage et de procédés qui ont presque toujours conquis le cœur de ceux avec lesquels elle a eu à traiter. Aucune autre puissance sous le soleil ne possède et ne pratique autant qu'elle la science des opportunités et des égards. Mais enfin, sans négliger jamais d'y employer les formes, l'Eglise ne peut oublier sa mission essentielle. Or, cette mission, la voici : « Ministres de la vérité, il nous appartient de déclarer ce « qui est vrai » : *Ministros veritatis decet vera proferre.*

Que dis-je? nous manquerions au plan divin si les négations de l'erreur ne devenaient pour nous le signal d'une exposition plus nette et d'une définition plus claire de la vérité. Car (c'est toujours saint Hilaire qui parle) « il est dans la destinée de la révélation divine d'être comprise et d'être éclaircie non pas seulement par ses propres doctrines, mais par celles de ses adversaires : *Non solum suis, sed adversantium intelligenda est doctrinis.* Tel est le caractère, telle est la force de la vérité, que, bien qu'elle soit claire et intelligible par elle-même, elle brille néanmoins d'un nouvel éclat, elle resplendit avec plus d'évidence et de certitude par le fait des obstacles qu'elle rencontre : de telle sorte que, restant immuable dans sa nature, elle acquiert avec le temps une fermeté nouvelle, une démonstration plus forte et plus explicite par suite des attaques dont elle est l'objet. »

Ç'a été là l'effet de l'arianisme ; ç'a été et ce sera l'effet de toutes les contradictions que tous les points de la doctrine révélée ont rencontrées et qu'ils rencontreront pendant la succession des âges. Vous me demandez pourquoi des déclarations, pourquoi des définitions nouvelles : et Hilaire vous dit que, si l'Eglise est appelée à rencontrer successivement des contradicteurs de tous ses enseignements, c'est parce que le dépôt qui lui est confié doit être mis en lumière beaucoup moins par sa propre initiative, que par la nécessité provenant de ses contradicteurs : *dum sibi partes singulæ adversantur, non solum suis, sed adversantium est intelligenda doctrinis.* Qui pourrait dire toutes les richesses dont la tradition catholique s'est ornée par le fait de l'erreur d'Arius ? Les œuvres du seul Hilaire constituent un trésor sans égal. « Soyons exilés pour toujours, disait-il, pourvu que la vérité commence d'être prêchée : *Exulemus semper, dummodo incipiat verum prædicari.* Nous parlerons dans l'exil par ces livres, et la parole de Dieu qu'on ne peut enchaîner courra librement » : *Loquemur exules per hos libros, et sermo Dei qui non potest vinciri, liber excurret.* Les douze livres de la Trinité sont nés de l'exil d'Hilaire : c'est une mine à laquelle il est permis de puiser toujours; et l'on dirait, vous en avez eu déjà et vous en aurez encore la preuve, que les écrits de ce docteur ont été faits en vue de notre temps, tant ils entrent dans le vif de notre situation et de nos besoins. « En définitive, disait-il, la cause que j'ai à soutenir n'est rien moins que la cause de Jésus-Christ » : *Nunc mihi non alia ad dicendum causa, quam Christi est.* Nous pouvons en dire autant : toute la question de notre temps est là, et elle n'est pas ailleurs. Notre raison de parler, c'est Jésus-Christ, parce que, dans tout le mouvement de ce qu'on appelle le monde moderne, c'est Jésus-Christ seul qui est en jeu : *Nunc mihi non alia ad dicendum causa, quam Christi est.*

Non content de défendre la cause de Jésus-Christ par ses discours et par ses écrits, Hilaire s'est employé principalement à la défendre dans les conciles. Hilaire avait foi à l'utilité, à l'efficacité des conciles; on peut dire de lui qu'il a été l'homme des conciles. Est-ce donc qu'il les regardait comme indispensables à la détermination et au maintien de la doctrine orthodoxe ? Non ; mais, l'erreur venant à se produire, il jugeait les conciles très-aptes d'une part à éclaircir et à préciser les points obscurs, de l'autre à ramener les esprits dans les voies de la vérité et de l'unité.

Loin de faire dépendre d'aucun concile les dogmes fondamentaux de la foi chrétienne, Hilaire aime à répéter qu'il était baptisé déjà depuis plusieurs années, et qu'il avait même exercé quelque temps la charge épiscopale, sans avoir entendu parler de la foi de Nicée, dont il n'eut connaissance qu'au moment de partir pour l'exil : *Regeneratus pridem, et in episcopatu aliquantisper manens, fidem Nicænam nunquam nisi exulaturus audivi.* Il conclut de là qu'encore que le concile de Nicée ait rendu le plus grand service à la foi, en la formulant par la définition contenue dans le mot *consubstantiel*, néanmoins la croyance orthodoxe préexistait tout entière à cette définition ; et que, pour sa part, il l'avait suffisamment apprise et de la formule de son baptême et du symbole qu'on lui avait alors enseigné. Aussi écrivait-il à Constance, qu'en dehors et indépendamment des décrets de Nicée, tout ce qu'il lui demandait c'était de retenir la promesse de la seule confession évangélique qu'il avait professée dans son baptême. Quoi donc ! disait-il, « la foi a-t-elle besoin d'être écrite, comme si elle n'était pas d'avance dans le cœur ! *Fides scribenda est, quasi in corde non sit.* Régénérés par la foi, on veut nous instruire et nous conduire à la foi, comme si la régénération avait pu exister sans la foi : *regenerati per fidem, ad fidem docemur, quasi regeneratio illa sine fide sit.* Nous apprenons Jésus-Christ après le baptême, comme s'il y avait un baptême possible sans la foi de Jésus-Christ » : *Christum post baptismum discimus, quasi baptisma aliquod esse posset sine Christi fide.* Réponse péremptoire à tous ceux qui ne craignent pas de dire que la foi chrétienne, que la notion même du Christ incarné, est l'ouvrage des conciles, le fruit d'une élaboration lente et progressive.

Et si les conciles n'ont pas présidé à la formation première de la foi chrétienne, Hilaire n'estimait pas non plus qu'ils fussent indispensables par eux-mêmes ni à la conservation ni au développement de cette même foi. Car il reconnaissait hautement, il proclamait éloquemment le principe d'unité, le centre d'autorité, qui assure et sauvegarde les destinées de la foi.

« La foi est une, disait-il ; et tout ce qui est en dehors de cette unité de foi n'est pas la foi : *Fides una est… ; extra fidem est, quidquid extra unam.* Or, il n'y a qu'un siége de la vraie foi qu'il ait plu à Dieu d'établir : *veræ fidei una sedes est, quæ Deo sit placita.* En d'autres termes, il n'y a pas d'autre foi que la foi de Pierre : de sorte que toute confession qui se pose en dehors de la foi et de l'autorité apostolique ne mérite pas le nom d'Eglise, et n'a rien de commun avec le Christ : *ita ut extra fidem et virtutem apostolicam constituta, nec Ecclesia sit illa, nec Christi.* Le Seigneur l'a juré à Pierre, et il ne se rétractera point : tout jugement prononcé par lui sur la terre est autorisé d'avance dans le ciel : *Cujus terrestre judicium præjudicata auctoritas sit in cœlo* : et tout ce qu'il lie ou délie ici bas obtient immédiatement la condition de chose jugée là-haut : *ut quæ in terris ligata sint aut soluta, statuti ejusdem conditionem obtineant et in cœlo.* La raison en est que, depuis le jour où, par la révélation non point de la chair et du sang, mais du Père qui est dans les cieux, Pierre a proclamé la divinité du Christ, il porte, il contient désormais dans cette déclaration autant d'arguments de vérité qu'il en faut pour répliquer aux questions perverses et aux calomnies de l'incrédulité pendant toute la durée des âges : *tanta in se sustinens argumenta veritatis, quantæ perversitatum quæstiones et infidelitatis calumniæ movebuntur.*

C'est donc à juste titre que l'Eglise romaine, en la solennité de la Chaire de Pierre, va faire retentir dans le monde entier la grande voix d'Hilaire. Jamais plus magnifique tribut ne fut payé aux glorieuses prérogatives du Prince des Apôtres. Pierre, c'est le roc inébranlable sur lequel l'Eglise devait être bâtie et reposer jusqu'à la fin des siècles : *firma*

Ecclesiæ in ea superædificandæ petra. Depuis l'heure de sa glorieuse confession, le bienheureux Simon Pierre est étendu, il est couché dans les substructions de l'édifice chrétien, portant sur sa robuste poitrine tout le poids, tout le môle de l'Eglise, et, loin d'en être écrasé, tenant d'une main ferme et active les clefs du royaume céleste : *Beatus Simon, post sacramenti confessionem ædificationi Ecclesiæ subjacens, et claves regni cælestis accipiens.*

Et enfin, c'est par Hilaire que nous ont été conservées ces grandes et mémorables paroles du concile de Sardique : « C'est une chose trèsbonne et souverainement conforme à l'ordre que, de toutes les provinces, les prêtres du Seigneur s'en rapportent au chef, c'est-à-dire au siége du bienheureux apôtre Pierre : *hoc enim optimum et valde congruentissimum esse videbitur, si ad Caput, id est ad Petri Apostoli sedem, de singulis quibusque provinciis, Domini referant sacerdotes.*

Toutefois je vous l'ai dit, M. T. C. F., si assuré que soit, par suite de l'institution du pontificat romain, le bon gouvernement de l'Eglise et le maintien incorruptible de la vérité, Hilaire accordait une grande part aux conciles ; il les considérait comme le plus sûr moyen de remédier au mal, de comprimer les troubles et de terminer les différends. « Voyez, dit-il, ce qu'ont fait les trois cents et quelques évêques assemblés à Nicée. Par un assentiment unanime, ils ont condamné l'hérésie des ariens ; et de plus, par le développement de la doctrine de l'Evangile et des Apôtres, ils ont mis l'unité de la foi catholique dans une lumière parfaite » : *in omnes Arianos assensu omnium hæretica damnatio decernitur ; et, evolutis evangelicis et apostolicis doctrinis, perfectum catholicæ unitatis lumen effertur.* Pour sa part, le grand docteur, en Orient et en Occident, ne se lassa point de prendre part aux conciles ; et par le zèle qu'il y déploya pour le triomphe de la vérité comme de la charité, il mérita l'éternelle reconnaissance, la gratitude encore vivante aujourd'hui des Orientaux aussi bien que des Occidentaux, la gratitude des Églises d'Italie comme des Églises des Gaules.

Non pas que les conciles se soient accomplis toujours sans difficultés. Si je vous faisais pénétrer un instant, M. F., dans le mystère intime du concile de Nicée, mais surtout de ceux d'Ephèse et de Chalcédoine, vous éprouveriez plus d'un étonnement. Ah ! s'écriait Hilaire à propos du synode de Séleucie, « malheureuses mes oreilles qui ont entendu retentir des paroles si funestes » : *O miseras aures meas, quæ tam funestæ vocis sonum audierunt !* Dans ceux même dont l'issue devait être le plus favorable, les obstacles furent parfois si multipliés que les esprits en étaient découragés. Rarement toute la portée d'une œuvre est comprise de ceux qui y participent. Placés trop près des choses, ils n'en découvrent pas la grandeur, qui ne peut être mesurée que de loin ; tandis qu'au contraire ils s'en exagèrent les accidents journaliers, dont l'avenir n'aura nul souci.

Il est curieux, par exemple, de connaître les appréciations dont le concile de Trente fut l'objet de la part de ses contemporains. Qu'on lise, en particulier, les dépêches diplomatiques des ambassadeurs des princes. C'était dans le cours des années 1562 et 1563, par conséquent dans les derniers temps du concile, après que cette sainte assemblée avait produit déjà tant et tant de magnifiques décrets de doctrine, par exemple sur le canon des Ecritures, sur la justification, sur les sacrements, et aussi tant de beaux chapitres sur la réformation et le rétablissement de la discipline ecclésiastique. Voulez-vous savoir quelle était la pensée des hommes d'Etat concernant le concile ? Avant tout, le concile n'ayant rien fait de sérieux ni d'efficace depuis son ouverture à Trente, la première chose était de le dissoudre, de le congédier et de le désavouer, puis d'en recommencer un autre ailleurs : car, disaient les instructions données à notre ambassadeur M. de Lanssac , « de penser procéder par continuation du concile de Trente, ce n'est pas apporter et appliquer le remède nécessaire à la maladie, mais plutôt l'aggraver et l'aigrir ». Puis, le concile ne se prêtant point à l'idée d'annuler ce qu'il avait fait jusqu'ici , voici bien d'autres plaintes : « Il ne se traite et ne se propose rien que ce qu'il plaît à messieurs les légats, lesquels ne font autre chose si ce n'est ce qui leur est mandé de Rome ; et encore, quand ils ont proposé quelque matière…, si le peu des nôtres qu'il y a, lesquels ont , à mon jugement, bon savoir, grand zèle et affection à une entière réformation de l'Eglise, en veulent parler plus avant qu'il ne leur plaît, ils sont interrompus, et leurs opinions ne peuvent être suivies : d'autant que l'on juge à la pluralité des voix, et qu'il y a beaucoup plus grand nombre d'évêques italiens, la plupart desquels sont pensionnaires du pape, ou intéressés d'offices à la cour de Rome, qui sont toujours contredisans à ce que les autres délibèrent de bon. » (Le Plat, Monum. Concil. Trid., p. 149, 212.)

Un an plus tard, et quand le concile touchait à son terme, le roi de France « ne voyait plus de ressource, après que le remède du concile œcuménique aurait défailli, sinon de convoquer lui-même un concile national qui ferait ce que le général n'aurait produit ». Et enfin, trois mois entiers après le concile terminé, la reine mère écrivait encore : « La réformation, au jugement de beaucoup de gens de bien et de bons catholiques, n'a pas été faite telle au concile qu'on en puisse espérer grande guérison au mal présent ; elle ne se peut espérer, au défaut du concile, d'autre endroit que de l'entrevue générale des princes, etc. » (Ibid. , T. VI, p. 520.)

Or, M. T. C. F., il s'agissait de ce concile de Trente, qui, à meilleur titre que celui même de Nicée, a mérité d'être appelé le grand concile ; de ce concile dont il est juste d'affirmer que, depuis la création du monde, aucune assemblée d'hommes n'a réussi à introduire parmi les hommes une aussi grande perfection ; de ce concile dont on a pu dire que, comme un arbre de vie, il a pour toujours rendu à l'Eglise la vigueur de sa jeunesse. Plus de trois siècles se sont écoulés depuis que le concile de Trente termina ses travaux, et sa vertu curative et fortifiante n'a point cessé de se faire sentir. (Pallavicini, Ed. Migne, Tom. I, p. 550.)

Demeurez donc en paix, M. F., et ne vous laissez point aller aux troubles et aux appréhensions qui ont toujours accompagné les diverses phases de ces assemblées. Le concile du Vatican fera son œuvre. Ce qu'Hilaire a dit du concile de Nicée, la postérité le dira du nôtre : assentiment de tous contre l'erreur ; concours de tous pour le développement de la vérité enseignée dans l'Evangile et par les Apôtres.

Dès la première annonce de cette assemblée œcuménique, un organe considérable de la presse anglaise a cru pouvoir prédire que « le concile de Rome ne réussira pas plus que le concile de Trente ». Nous aurons assez de modestie pour demeurer satisfaits, s'il réussit seulement dans cette mesure. Il est vrai, le concile de Trente n'a pas sauvé les races royales, qui ont regardé comme un grand succès d'avoir fait avorter quelques-uns de ses décrets destinés à ramener le droit public et les institutions sociales dans les voies de l'esprit et du devoir chrétien. Certains politiques s'applaudirent comme d'un chef-d'œuvre d'avoir fait signifier par leur monarque encore enfant, qu'il ne souffrirait pas que les Pères du concile entreprissent de « rogner les ongles aux rois ». L'Eglise s'est abstenue ; elle a retiré le décret des princes. Les révolutions sont venues ; elles ont été moins discrètes et moins débonnaires : hélas ! et l'on sait si elles se sont contentées de rogner les ongles aux rois. Le concile n'en a pas moins opéré son œuvre fondamentale ; et je ne souhaite rien de mieux au monde que trois siècles de régénération et de vie chrétienne, comme ceux qui sé sont écoulés depuis le concile de Trente.

Pardonnez-moi cette digression, ou plutôt cette transition ; car j'ai dit : Hilaire qui a parlé par ses discours et par ses écrits, Hilaire qui a parlé dans les conciles, Hilaire a parlé aussi aux rois, aux puissants de la terre, à ceux entre les mains desquels reposent les grands intérêts des peuples, étroitement et inséparablement liés aux enseignements de la religion.

« Le plus grand respect est dû aux souverains, disait saint Hilaire, parce que toute leur autorité vient de Dieu : *potissima regi referenda reverentia : omne enim regnum a Deo est.* Jusque dans la célébration des saints mystères, les évêques avec leurs peuples prient pour leur conservation, pour la paix et la prospérité de leurs Etats. Leurs lois et leurs décrets sont lus avec un accent qui commande le respect et la religion. Néanmoins, poursuit le saint docteur, toutes les prescriptions royales ne sont pas également acceptables pour la conscience des évêques : *non tamen æquanimiter judicium regis episcopalibus arbitriis debet admitti ;* attendu qu'il faut rendre à César ce qui appartient à César, mais à Dieu aussi ce qui est à Dieu. »

Personne plus que notre pontife n'a donné l'exemple et n'a enseigné le devoir de la fermeté apostolique. » Plutôt cent fois mourir en ce siècle, disait-il, que de corrompre la chaste virginité de la vérité en laissant prévaloir contre elle la puissance de qui que ce soit » : *Melius mihi in hoc seculo mori, quam, alicujus potentia dominante, castam veritatis corrumpere virginitatem.* Personne n'a enseigné avec une doctrine plus sûre l'obligation et en même temps l'avantage qu'il y a pour les peuples à ce que le droit de Dieu soit reconnu et soit respecté dans les institutions publiques. Personne n'a mieux montré le rôle douloureux qui est fait au chrétien au sein d'une société qui a le malheur de ne pas reposer sur la base de la loi et de la morale chrétienne.

Ecoutez le pontife expliquant à son peuple le premier verset du premier psaume. C'était sous le règne de Constance ou de Julien, ou plus vraisemblablement sous celui de Valentinien. Le pieux évêque, attentif aux besoins de son auditoire, s'exprimait en ces termes :

« Le Psalmiste a dit : *Heureux l'homme qui ne s'en est point allé dans le conseil des impies, qui ne s'est point arrêté dans le chemin des pécheurs, et qui ne s'est point assis dans la chaire de pestilence !* Je connais, disait-il, des hommes qui ne sont pas impies, mais religieux ; qui ne sont pas pécheurs, mais réguliers dans leur vie ; des hommes qui ont la crainte de Dieu, mais que l'amour des honneurs du siècle, le besoin des positions, le désir de l'avancement place dans l'occasion prochaine et comme inévitable de la défaillance. Soumis aux lois de l'Eglise, ils jugent d'après les lois du for profane : *et volunt, Ecclesiæ legibus subditi, fori legibus judicare.* Et bien qu'ils apportent à leurs fonctions mêmes une volonté religieuse en se montrant bienveillants et modérés, il arrive néanmoins que le milieu dans lequel ils sont placés les touche de son atteinte pestilentielle. L'ordre légal, la raison d'état ne leur permet pas, malgré leur bon vouloir, de demeurer dans la sainteté de la loi enseignée par l'Eglise : *Publicarum enim causarum ordo manere èos volentes etiam in ecclesiasticæ legis sanctitate non patitur.* Et quoiqu'ils soient déterminés à demeurer chrétiens : *et religiosi propositi sint tenaces,* cependant, par les exigences du siége obtenu : *per necessitatem sedis obtentæ* (hélas ! et s'il s'agit du siége à obtenir !), ils sont, à regret et à leur corps défendant, conduits à ce qu'ils ne voudraient pas ; la nécessité s'impose à eux ; et, n'étant pas de ceux qui répandent la contagion, ils en subissent au moins l'influence morbide : *quum tanquam lue morbida imbuuntur.*

S'il en était ainsi, M. T. C. F., sous le régime d'un droit déjà en partie christianisé, mais non suffisamment expurgé de paganisme, jugez combien il importe à la dignité des existences et des consciences chrétiennes que l'Eglise fasse tous ses efforts pour ne pas laisser les peuples régénérés en Jésus-Christ retomber sous l'empire d'une loi infidèle.

Car, il faut bien le dire, à mesure que les sociétés divorceront avec le christianisme, le rôle des hommes de bien, des hommes de foi, deviendra de plus en plus impossible. Entendez encore notre saint docteur ; il parle de ces derniers temps, dont N.-S. a désigné l'approche et signalé le caractère par la comparaison du figuier dont les branches commencent à s'attendrir. En effet, dit-il, on saura que l'Antechrist commence à poindre, à pousser : *Antichristus autem frondescere noscetur* ; le bourgeonnement de l'Antechrist se fera connaître en ce qu'on verra les hommes de mal tressaillir et comme verdoyer : *Antichristus autem frondescere quadam peccatorum exultantium viriditate noscetur.* Car il y aura alors une fleur de malhonnêtes, une élite de tarés ; et tout l'avantage, et toute la faveur, et tout le crédit sera pour les profanes » : *Erit enim tum flos criminosorum, et honor facinorosorum, et gratia profanorum.*

Tout le texte que je viens de dire est digne de remarque ; le dernier coup de pinceau exprime au naturel certaines dispositions, certaines tendances qui ne sont pas étrangères à notre temps : *et gratia profanorum.* Chez tous les peuples du monde, le sacré avait été placé au-dessus du profane ; et, dans toutes les nations chrétiennes, l'ordre sacerdotal avait obtenu la prééminence. En ces temps-là au contraire, la suprême injure pour un homme du monde, et le motif irrémissible d'exclusion sera d'être réputé et qualifié clérical ; tandis que la meilleure chance, le titre principal aux faveurs, aux dignités, ce sera, pour un baptisé, d'avoir conservé aussi peu que possible le souci de son baptème, et, en se plaçant dans la sphère de la libre pensée, de la morale indépendante, d'avoir pris rang parmi les profanes. Que dis-je ? il se fera comme une religion nouvelle, au sein de laquelle le profane deviendra en quelque sorte sacré, et s'arrogera une mission transcendante. Le caractère propre de cette génération sera d'être anti-sacerdotale, selon cette parole du Seigneur à son prophète : *Populus enim tuus, sicut hi qui contradicunt sacerdoti* (Osee, IV, 4). Contredire, aboyer au prêtre, sera la gloire de cette époque : gloire tristement acquise et durement payée. C'est pourquoi je veux vous donner la satisfaction d'entendre une seconde fois le texte de notre docteur : *Antichristus autem frondescere quadam peccatorum exultantium viriditate noscetur. Erit enim tum flos criminosorum, et honor facinorosorum, et gratia profanorum.*

Or, M. T. C. F., quel sera le devoir de l'Eglise en ces temps-là ? Il ne manquera point d'enfants du mensonge, de fils qui ne veulent pas entendre la loi de Dieu : *filii mendaces, filii nolentes audire legem Dei*; il ne manquera pas même d'hommes honnêtes, mais pusillanimes, qui diront aux voyants : Ne voyez pas : *qui dicunt videntibus : Nolite videre*; et à ceux qui regardent : Ne regardez pas pour nous à ce qui est selon l'ordre : *et aspicientibus : Nolite aspicere nobis quæ recta sunt.* Ce qui est dans l'ordre, nous ne pouvons plus le porter. Parlez pour nous dire les choses qui nous plaisent : *Loquimini nobis placentia*; et, si vous êtes les voyants, que ce soit pour voir avec nous, comme nous, et pour consacrer nos erreurs : *Loquimini nobis placentia, videte nobis errores* (Is. xxx, 10).

Ah ! M. T. C. F., vous qui êtes chrétiens, ne faites pas de pareilles demandes à l'Eglise votre mère. Demandez bien plutôt à l'Esprit-Saint que, selon la promesse de Jésus, il daigne vous enseigner toute la vérité : *docebit vos omnem veritatem* (Joann., xvi, 13). Vous surtout, nos frères bien-aimés, à qui l'Eglise a voué toute sa gratitude et toute sa prédilection, vous qui l'avez servie avec zèle, avec éclat, avec générosité, et souvent avec succès, dans les jours mauvais et difficiles, ah ! ne soyez pas jaloux envers vos fils et vos arrière-neveux d'un avantage qu'ils auront sur vous et qui vous aura manqué. Je n'ose espérer qu'ils soient doués de toutes les facultés, de toutes les qualités de l'esprit et du cœur que nous avons admirées et que nous admirons en vous. Dieu n'a pas pris l'engagement d'accorder à chaque génération des hommes aussi éminents, aussi distingués que ceux qui ont été mêlés aux grands intérêts de notre pays depuis un demi-siècle. Par eux, nous sont venus des biens dont nous n'aurons jamais le malheur de perdre le souvenir. Mais comment ne pas s'affliger sur leur vie brisée avant le temps, et qui pouvait, qui devait encore être si féconde ? N'est-il pas permis de dire aux hommes de notre siècle avec le prophète Aggée, ou plutôt avec le Seigneur : *Seminastis multum et intulistis parum* (Agg. i, 6) : « Vous avez « semé beaucoup, et vous avez peu recueilli » ? Jamais mouvement plus vaste n'a abouti à si petit et si douteux résultat. La raison en est que deux ou trois fausses lueurs ont égaré les hommes, et troublé la vue même des sages. Non, n'en soyez pas jaloux, mais plutôt bénissez-en le Seigneur. Avec deux ou trois principes définis, vos enfants seront plus puissants pour le bien que vous n'avez été. C'est là le service qu'il faut demander et qu'il faut à tout prix obtenir de l'Eglise.

D'ailleurs est-ce donc à notre siècle, si ardent aux recherches et aux découvertes de la science, est-ce à lui qu'il siérait de nier que la déclaration d'une vérité soit une victoire pour l'homme, un triomphe pour l'intelligence ? Croyez-moi, l'esprit humain n'a ni intérêt, ni avantage, ni honneur à se mouvoir librement entre le vrai et le faux, à passer alternativement et indifféremment des zones obscures aux zones lumineuses. Le grand jour, le plein midi de la science ne vaut-il donc pas mieux ? Un ciel composé de nébuleuses serait-il préférable à un firmament semé de soleils? Je le répète : toutes les fois qu'une doctrine est placée hors des tâtonnements, hors des chances incertaines du doute : *extra dubitationis aleam*, c'est une conquête et c'est un bienfait pour la terre. Ne craignez pas : il restera toujours assez d'aliments à votre activité, à votre curiosité savante. Satisfaits sur un point, il vous en restera mille autres à explorer; et, dans ce qui aura été défini, vous aurez un point d'appui de plus pour le levier de la raison et de la science.

Le dirai-je en finissant, M. F. ? Il est des hommes qui croient flatter

notre siècle, et qui le calomnient. Ecoutez-les. Notre siècle est grand b
généreux, il a de nobles aspirations ;... mais il ne faut pas entreprendre
de lui dire la vérité, il ne peut pas ou il ne veut pas la porter. Il est ardent, énergique, vigoureux ;...mais c'est un malade, un malade si avancé
si près de la mort, que tout remède le tuerait au lieu de le guérir : qu'on
lui serve tout au plus ces potions innocentes qui adoucissent l'agonie du
moribond. Pour moi, je pense mieux de mon temps ; et, sans vouloir jamai
me ranger parmi ses flatteurs, je déclare qu'on le méconnaît. Notre siècle est fatigué d'expédients, fatigué de transactions et de compromis. Il a
ce mérite d'aller volontiers jusqu'au fond et à la dernière limite des choses. Trop de diplomatie dans le maniement de la vérité n'honore et ne
grandit point notre caractère à ses yeux. La sincérité nous sert mieux dans
son esprit que l'habileté. Un de nos adversaires vient de le reconnaître
loyalement : l'affaire des ministres de la vérité est de déclarer ce qui es
vrai. C'est la traduction exacte de notre saint docteur : *Ministros veritatis*
decet vera proferre. D'ailleurs, après qu'on a essayé de tout, l'heure ne
serait-t-elle donc pas venue d'essayer enfin de la vérité chrétienne ?
Après toutes les autres tentatives, celle-ci n'aurait-elle pas son prix ?
Voilà le sentiment qu'on trouve chez beaucoup de nos contemporains.

Seigneur mon Dieu, le monde est las d'avoir été livré à des maîtres qu
ne tenaient pas compte de vous : *Domine Deus noster, possederunt nos do-*
mini absque te (Is., XXVI, 13). Il n'attend plus que de votre Evangile et de
votre Eglise ce qu'il a si ardemment désiré, si infructueusement cherché.
Les sages, les vrais sages nous crient de toutes parts : Parlez-nous enfin...
et dites-nous non point ce qui peut nous plaire, mais ce qui peut nous
sauver. Vous serez exaucés, M. T. C. F. Assistés des lumières et des grâces
d'en haut, guidés par le Pontife suprême, nous parlerons avec ménage-
ment, mais avec force, avec clarté, avec franchise, et, par cela même
nous parlerons avec fruit. D'ailleurs, l'Esprit-Saint, qui mettra la vérité
sur nos lèvres, saura mettre aussi dans vos cœurs les dispositions qui font
accepter la vérité. Les principes sauveurs que nous proclamerons, l'heure
n'est pas éloignée où les peuples en comprendront la nécessité, en expéri-
menteront l'efficacité. Et, pour finir par une parole de l'Ancien et du
Nouveau Testament qui retentissait naguère dans nos temples : « Celui
qui va être l'étendard du salut pour les peuples, les peuples l'invoque-
ront : » *Qui stat in signum populorum, ipsum gentes deprecabuntur* (Is., XI,
50). « Celui qui va se lever pour régir et guider les nations, les nations
tourneront vers lui leurs regards et leurs espérances : » *Et qui exurget*
regere gentes, in eum gentes sperabunt (Rom., XV, 12). *Amen.*

POITIERS. — TYPOGRAPHIE DE HENRI OUDIN.